AUTOAYUDA

Wayne W. Dyer

Caminos de sabiduría

Traducción de
María Vidal Campos

⊔ DeBOLS!LLO

Dyer, Wayne W.
Caminos de sabiduría - 1ª ed. - Buenos Aires : Debolsillo, 2006.
160 p. ; 19x13 cm. (Autoayuda)

Traducido por: María Vidal Campos

ISBN 987-566-216-X

1. Autoayuda. I. María Vidal Campos, trad. II. Título
CDD 158.1

Primera edición en la Argentina bajo este sello: diciembre de 2006

Título original: *Staying on the Path*
Diseño de la portada: Equipo de diseño editorial
Fotografía de la portada: © Photonica/Cover

© 1995, Wayne W. Dyer
© 1998, de la edición en castellano para España y América:
  Grupo Editorial Random House Mondadori, S.L.
  Travessera de Gràcia, 47-49. 08021 Barcelona
© 1998, por la traducción, María Vidal Campos
© 2006, Editorial Sudamericana S.A.®
  Humberto I 531, Buenos Aires, Argentina
Publicado por Editorial Sudamericana S.A.® bajo el sello Debolsillo
con acuerdo de Random House Mondadori

Impreso en la Argentina.
ISBN 10: 987-566-216-X
ISBN 13: 978-987-566-216-2
Queda hecho el depósito que previene la ley 11.723.

www.sudamericanalibros.com.ar

A mi madre, Hazel Irene Dyer,
que solía aprovechar su magnífica
clarividencia y soberbia determinación
para despejar su camino de tantos
y tantos obstáculos... Te quiero.

Prólogo

He creado este libro para todos cuantos estáis ya en el camino... así como para los que simplemente intentáis llegar a él. Puede que mis observaciones pulsen alguna fibra sensible de vuestra existencia actual, o tal vez descubráis que os pueden venir bien en el curso de vuestra andadura. Sea cual fuere el caso, al abrir este libro ya estáis avanzando en vuestra ruta particular.

Que el viaje que habéis emprendido os sea propicio y seguro.

Wayne W. Dyer

*T*odos nosotros vamos por
nuestro propio camino y en cada
momento hacemos exactamente
lo que sabemos hacer, según
las condiciones de
nuestra vida.

❧ • ❧

*L*a dimensión de tu vida no
estará en lo que acumules,
sino en lo que des.

❧ • ❧

*E*l secreto de la abundancia
reside en dejar de concentrarte
en lo que no tienes y proyectar
tu atención consciente sobre
el reconocimiento de todo lo que
eres y todo lo que tienes.

*A*costúmbrate a estar en el
mundo, pero no ser del mundo:
aprende a no hacer caso de cómo
marchan las cosas ajenas a ti y a
comprender que el conocimiento
más profundo es verdaderamente
un acto que acaba desvaneciéndose.

≈ • ≈

*D*ifunde amor y armonía, sitúa
tu alma y tu cuerpo en un lugar
apacible y luego deja que el
universo obre del modo perfecto
con que sabe hacerlo.

*N*ada ajeno a mí ha de dirigirme. Dios está dentro de mí y el poder infinito y divino que concede me sustenta como un ser humano que siempre está presente.

❦ • ❦

*N*unca puedes conseguir lo suficiente de lo que no deseas.

❦ • ❦

*N*o puedes ser feliz y disfrutar de paz interior si vas por ahí siendo lo que todos los demás esperan que seas y viviendo tu vida conforme a las reglas de los demás.

*E*l único antídoto contra
la cólera estriba en eliminar las
frases interiores «Si te parecieses
más a mí» y «Si el mundo no
fuera como es».

❧ • ❧

*T*odo en tu vida es un milagro
adorable. Un grano de arena,
una abeja posada en
una flor, un velero, una taza
de café, un paño húmedo,
una oruga, todo eso
son milagros...

*C*uando aprendas a considerar
tu vida y cuanto hay en ella como
el milagro que es, comprenderás
en seguida que quejarse es
desperdiciar el milagro que eres.

❧ • ❧

*E*l que una persona sea joven o
insignificante no la convierte en
incompleta... La verdad es que
somos completos en todos los
instantes de nuestra vida.

*C*uando te paralizas por lo que cualquier otra persona piense de ti, lo que estás diciendo es: «La opinión que tiene de mí es más importante que la opinión que tengo de mí mismo».

⁕ • ⁕

*C*uando Tracy, la hija de Wayne que estaba en segundo de primaria, volvió a casa y dijo: «A Billy no le caigo bien. A Billy no le caigo simpática», Wayne respondió: «¿Te caes bien a ti?». Tracy dijo: «Sí», y Wayne repuso: «Bueno, pues eso es todo lo que tienes». Ya veis, ni siquiera a la edad de siete años debe nadie aceptar que las reacciones de otra persona le influyan negativamente.

¿Habéis observado lo difícil
que resulta discutir con alguien
que no está obsesionado
con tener razón?

~ • ~

Tu sufrimiento procede
de la necesidad de que las cosas
sean diferentes. Cuando uno
abandona eso, el sufrimiento cesa.
Puedes desear cosas, pero es
la necesidad lo que tiene
que desaparecer.

~ • ~

La vida es una actitud.
Es lo que decides creer, siempre.

*P*uedes entrar en un hermoso templo todos los domingos, puedes llevar a la práctica toda clase de proverbios de la Biblia y puedes aplicarte las etiquetas más fantásticas con las que puedas tropezar, pero no encontrarás tu corazón en un templo si no tienes un templo en tu corazón.

❧ • ❧

*¿P*or qué no piensas en algunas cosas que no hayas hecho nunca y las haces simplemente porque jamás las hiciste y no por ninguna otra razón?

*E*l sentido de la iniciativa no
es algo que encuentres, es algo
que eres. La verdad no
es algo que buscas,
sino algo que vives.

❧ • ❧

*N*ada de lo que existe es malo,
a menos que creas que lo es.

❧ • ❧

*S*i eliges no respetar tu sentido
de la justicia, optas por no
respetarte a ti mismo, y no tardarás
en estar preguntándote hasta
qué punto tu vida merece
realmente la pena.

*T*u cuerpo es el garaje donde
aparcas el alma.

❦ • ❦

*L*a vida no es aburrida, pero
algunas personas prefieren
aburrirse... El aburrimiento
es una elección.

❦ • ❦

*S*i quieres tener confianza en ti
mismo y normalmente no actúas
como si la tuvieras, compórtate hoy
en el mundo físico tal como crees
que lo haría una persona
segura de sí.

*T*odo lo que te impide
desarrollarte y crecer no merece
la pena defenderlo.

☙ • ❧

*T*u reputación está en manos de
los demás. La reputación es eso.
No puedes controlarla.
Lo único que puedes controlar
es tu carácter.

☙ • ❧

*N*unca es demasiado tarde
para tener una infancia feliz.

*H*ay dos modos de contemplarlo
prácticamente todo. Uno es el
modo violento y otro es el modo
pacífico. Es el yin y el yang
del universo.

❧ • ❧

*T*us opiniones son
insignificantes, pero tu
compromiso con ellas señala
toda la diferencia en el mundo.

❧ • ❧

*M*i fe en la caridad humana
la resume el viejo aforismo:
«Dale un pez a un hombre y
comerá un día. Enseña a un
hombre a pescar y comerá
toda la vida».

*C*uando vives en un planeta esférico, no hay lados que escoger.

❧ • ❧

*E*l ser total llamado ser humano no puede funcionar de manera armoniosa cuando los componentes están en conflicto.

❧ • ❧

*S*i el número suficiente de nosotros huyera de la pugna y del enfrentamiento, imaginad cuantas guerras podríamos eliminar.

*P*osees una mente muy poderosa,
capaz de hacer que se produzca lo
que sea siempre y cuando te
mantengas centrado en ello.

❦ • ❦

*F*uiste un ganador desde
el momento en que naciste...
En la gota de esperma había varios
centenares de millardos de
espermatozoides lanzados a la caza
del óvulo. Todos participaban en la
carrera. El premio era aquel óvulo
y todos los espermatozoides
nadaban con la máxima rapidez
que les era posible. Había miles
de millones de ellos y tú fuiste
el primero en alcanzar el óvulo.
Ganaste la primera carrera
en que participabas.

El inactivo que no hace nada es con frecuencia un crítico, o sea, alguien que se sienta cruzado de brazos y contempla a los que actúan. Y luego dogmatiza filosóficamente acerca de lo que los activos realizan. Es fácil ser crítico, pero ser activo requiere esfuerzo, riesgo y cambio.

❦ • ❦

La creatividad significa creer en que uno posee grandeza.

❦ • ❦

La forma suprema de la ignorancia es rechazar algo de lo que no sabes nada.

*L*a muerte es simplemente un
modo de transformación. Imagínate
lo que sería nuestro planeta
sin ella. Es como quitarse
una prenda raída.

❧ • ❧

*M*ientras permanezcas quieto
donde estás y te digas a ti mismo
que tienes que hacerlo así porque
siempre se ha hecho así, la única
recompensa que consigues es la
defensa de tu indigencia.

❧ • ❧

*U*na vez te has desprendido
de las cosas, éstas dejan
de pertenecerte.

*A*naliza de nuevo esta frase:
«Hazlo lo mejor que puedas».
Yo la sustituiría por la de
«Simplemente hazlo».

❧ • ❧

*H*oy no funciona el ascensor
hacia el éxito. Tienes que ir por
la escalera y subir los peldaños
de uno en uno.

❧ • ❧

*N*o existe vía que conduzca a la
ilustración. La ilustración es la vía.
Es un principio de vida más
que de búsqueda.

*C*ada instante que pasas
disgustado, desesperado,
angustiado, furioso o dolido a
causa del comportamiento de otra
persona es un instante en el que
renuncias al control sobre tu vida.

❧ • ❧

A lo largo de la vida, los dos
sentimientos más inútiles son el
remordimiento por lo que se
ha hecho y la preocupación por
lo que se podía haber hecho.

❧ • ❧

«*L*o que retiene al tigre es el
espacio entre los barrotes», como
se dice en el Zen, y es el silencio
entre las notas lo que
hace la música.

*T*odo lo que tu forma necesita para albergar ese alma que eres tú se deteriora, cambia y muere, pero la parte divina y carente de forma que eres tú es inmortal.

❦ • ❦

*T*us propias expectativas son la clave de toda la cuestión de la salud mental. Si esperas ser feliz, estar sano y sentirte satisfecho de la vida, entonces es allí donde fijarás tu atención, y eso es lo que manifestarás.

❦ • ❦

*E*l fracaso es un editorial periodístico, un juicio impuesto por el prójimo.

*L*a verdadera serenidad interior
eludirá siempre a quienes se
sientan a juzgar, puesto que agotan
su energía vital proyectando su
enojo sobre lo que sea.

❦ • ❦

*L*a gente que se ha comportado
contigo de forma que en algún
sentido consideras desagradable no
sabe verdaderamente lo que te
hacen, porque obran desde
su aislamiento.

❦ • ❦

¿*Q*ué edad tendrías si no
supieras qué edad tienes?

*E*l miedo no existe como
tal en el mundo. Sólo hay
pensamientos temerosos y
conductas elusivas.

❦ • ❦

*N*o hay escasez de
oportunidades para ganarte la vida
ejerciendo lo que te gusta.
La única escasez es la de
determinación para
convertirlas en realidad.

❦ • ❦

*T*en la permanente consciencia
de que es necesario servir a Dios y
servir al prójimo en todos y cada
uno de tus actos. Ese es el sistema
del productor de milagros.

*T*odo ser humano que causa
daño o inflige dolor a alguien
es con mucho una víctima
mayor que las personas
a las que *victimiza* y debe
responder ante la ley del universo
de todo el perjuicio ocasionado.

❧ • ❧

*T*odas las cosas que combatimos
no hacen más que debilitarnos y
entorpecer nuestra aptitud
para ver la oportunidad que
implica el obstáculo.

❧ • ❧

*L*o que distingue lo vivo de
lo muerto es el desarrollo,
tanto en las plantas como en ti.

*L*a culpabilidad se produce
en el presente, como lo hace todo.
Es un modo de aprovechar
ese momento presente
para consumirlo con algo
que ya ha sucedido,
sobre lo que
no tienes ningún control.

❧ • ❧

*L*as costumbres se cambian
por el procedimiento
de poner en práctica
una nueva conducta,
y esto es válido también
para los hábitos mentales.

*L*a mayoría de las personas
buscan la felicidad. La buscan sin
más. Tratan de encontrarla en
alguien o en algo fuera de su propia
persona. Eso es un error
fundamental. La felicidad
es algo que está en uno mismo,
que es uno mismo,
y procede de la forma
en que uno piensa.

❧ • ❧

*E*l primer paso para curar
algo en tu vida es comprender que
todo proceso de enfermedad que
se desarrolle en tu interior es algo
que llevas contigo por doquier.
Lo posees totalmente.
Es todo tuyo.

*L*as personas que alcanzan
el máximo respeto del mundo
son las más rectas, incluso
aunque a menudo sufran los
mayores abusos e insultos.

❧ • ❧

*E*star *contra* todo te debilita,
mientras que estar
a *favor* te habilita.

❧ • ❧

*E*res el creador de tu
pensamiento, lo que significa
que en algún modo metafísico,
eres el creador
de tu vida.

*N*o es el mundo lo que te hace
infeliz, ni las personas que pueblan
el mundo. Es el modo
en que procesas a las personas
y los acontecimientos
del mundo.

❦ • ❦

*E*l antecedente de todo
acto es una idea.

❦ • ❦

*E*n vez de juzgar a los demás
como personas que deben
comportarse de determinada
manera, contémplalos como reflejo
de una parte de ti y pregúntate
a ti mismo qué es lo que estás
dispuesto a aprender de ellos.

*C*rea una armonía interior allá
donde tu alma afectuosa guíe
tu conducta física, más que hacer
que tu alma vaya siempre en
segundo lugar.

❧ • ❧

*V*ive los Diez Mandamientos.

❧ • ❧

*C*uanta más armonía, afecto
y accesibilidad manifiestes,
más fácil te será ver
cómo encajan todas
las piezas a la perfección.

*U*na de las cosas más
responsables que puedes hacer
como adulto es convertirte
en más niño.

❦ • ❦

*H*onra esta encarnación y
muéstrate plenamente vivo.

❦ • ❦

*U*na clase especial de libertad
está a tu disposición siempre y
cuando estés dispuesto a arrostrar
los riesgos que comporta tratar de
conseguirla: la libertad de circular
por el lugar que consideres el
territorio de tu vida, de aventurarte
en todas tus propias opciones.

*V*ive... Sé tú mismo...
Disfruta... Ama.

❦ • ❦

*P*ara cambiarte a ti mismo,
mira a lo que temes y
a lo que odias. Empieza a
partir de ahí.

❦ • ❦

*T*us circunstancias no
determinan lo que será tu vida,
revelan la clase de imágenes
que has elegido hasta ahora.

*H*ay límites para el crecimiento
material, pero no hay límites
para el aprendizaje interior.

❧ • ❧

*T*u interior es el reino de
serenidad, susceptible de crear
toda la prosperidad que
pudieras desear.

❧ • ❧

*C*uando sepas que llevas las
riendas de tus propósitos,
entonces te darás cuenta
de que llevas las riendas de
tu mundo entero.

*L*a envidia es realmente, en
cierto sentido, la exigencia de que
alguien te quiera, y cuando no
compruebas que no te aprecian,
dices: «No es justo». El origen de
la envidia se encuentra en una falta
de confianza en uno mismo.

❧ • ❧

*S*i te niegas a cambiar de trabajo
(si éste no te gusta), lo único
razonable que puedes hacer
es dedicarte a apreciarlo
todos los días.

❧ • ❧

*L*a única diferencia entre una
flor y una hierba es un
punto de vista.

E mite cólera e impaciencia y
eso es lo que conseguirás.
Irradia amor y amor
conseguirás a cambio.

❦ • ❦

P uedes optar por sentirte
enfermo o puedes elegir
sentirte perfecto de salud.

❦ • ❦

C uanto más extiendas la bondad
hacia ti mismo, en mayor medida
se convertirá esa bondad en tu
respuesta automática a los demás.

Obsérvate a ti mismo y a los
demás en este mundo disparatado,
y después decide qué es mejor,
pasear por ahí la rabia o desarrollar
un sentido del humor que te
proporcionará a ti y al prójimo el
más preciado de todos los
dones: la risa.

❧ • ❧

Nadie, por mucho que él o ella
lo anhele, puede poner
entendimiento dentro de otro ser
humano. La comprensión sólo
puede llegar a través de los actos.

*L*a vida se te regala y no pide nada a cambio. Puedes tomar la vida y nadar delirantemente a través de ella, o puedes combatirla. Pero si optas por pasar tu tiempo luchando con ella, no puedes destinar ese mismo tiempo a disfrutarla.

❧ • ❧

*P*uedo asegurarte que una vez dejas de necesitar las lecciones que ofrecen en la vida los sucesos desagradables, dejarán de producirse tales sucesos desagradables.

Quienes parecen causarte la
mayor angustia son aquellos
que te recuerdan que lo que tú
crees en ti mismo es o bien
carencia o bien deseo.

⁂ • ⁂

Cuanto más te detengas a
observar y aprender de los
animales, más saludable
filosofía de la vida es probable
que obtengas.

⁂ • ⁂

Tu alegría es divina, lo mismo
que tu sufrimiento.
Hay mucho que aprender
de ambos.

*C*uando discutes por tus limitaciones, todo lo que consigues son precisamente tus limitaciones.

❧ • ❧

*U*n montón de personas tienen letreros a guisa de parachoques que rezan: «Este es el primer día del resto de tu existencia». Yo prefiero pensar: «Este es el último día de mi vida y voy a vivirlo como si no me quedase ninguno más».

*E*stás siempre solo,
pero únicamente te sentirás
solo si no te cae bien la persona
con la que estás a solas.

❧ • ❧

*E*l «in» de *incondicional*
significa no juzgar.

❧ • ❧

*N*unca podremos despertarnos
o ilustrarnos hasta que podamos
ir más allá de la forma.
Todos los filósofos del mundo
nos lo han enseñado.

*T*u amor se localiza dentro de ti.
A ti te corresponde nutrirte de él y
saborearlo. También es cosa tuya
darlo del modo que prefieras.
Esto es igualmente válido
para los demás. Si alguien a quien
quieres no corresponde a tu cariño
del modo en que a ti te gustaría
que lo hiciese, eso es opción de
la otra persona. En absoluto
empaña tu afecto.

❧ • ❧

*P*or regla general, la gente deja
de tener sentimientos perjudiciales
cuando se da cuenta de que
ya no puede utilizar tales
sentimientos para manipularte.

*L*a dimensión de tu vida no
estará en lo que acumules,
sino en lo que des.

☙ • ☙

*D*ebes entrar en contacto con el
espacio vacío interior y prescindir
de la forma que lo encapsula.

☙ • ☙

*C*uando concibes pensamientos
positivos, felices, afectuosos, en tu
cuerpo se infiltra una química
distinta a la que se te introduce
cuando alimentas pensamientos
deprimentes, negativos,
angustiosos. El modo en que
decides pensar tiene un efecto
dramático decisivo sobre tu
química y sobre tu fisiología.

*T*us milagros están dentro del
trabajo que realizas. Vete allí
y crea la magia que buscas
en la vida.

❧ • ❧

*T*u derecho a mover los puños
topa con mi derecho a tener mi
nariz en la forma en que
quiero tenerla.

❧ • ❧

*N*o hay célula en tu
cuerpo hoy que estuviese allí
hace siete años. Sin embargo,
te parece, crees, puedes recordar
que estaba allí hace siete años.
¿Cómo te lo explicas?

Un estilo de vida fláccido es
inexcusable. Todas tus razones
para no estar en buena forma no
son nada más que excusas
que te presentas a ti mismo.

❧ • ❧

Mirarte en el espejo y
comprobar que no te gusta la
personalidad que llevas contigo a
todas partes a las que vas,
es una de las cosas más
contraproducentes que
puedes hacer.

*L*as personas ilimitadas poseen
tal dominio que pueden confiar en
sus instintos, ser infantiles, ser
creativas, hacer cuanto resulte
lógico para ellas y configurar su
vida del modo que realmente creen
que desean para sí.

❧ • ❧

*S*an Marcos dijo: «Con Dios,
todo es posible». Ahora,
¿qué deja eso?

❧ • ❧

*E*l pasado concluyó para
nosotros. El futuro no se nos
promete a ninguno de nosotros.
Todo lo que conseguimos es este
uno. Eso es todo lo que logramos.

Cada obstáculo que surge en este
planeta es o una oportunidad para
crecer y trascender nuestra forma
y pensar de modo distinto o
una excusa a la que recurrir
sobre la creencia de que
estamos atascados.

❧ • ❧

Estás en sociedad con otros
seres humanos, no en una
competición para que te
consideren mejor que
algunos y peor que otros.

*T*odo el mundo merece nuestro
aprecio, y hasta que empecemos a
considerarlo así, estaremos
siempre pensando que
vivimos enfrentados a ellos.

❦ • ❦

*C*ada problema es una
oportunidad disfrazada.

❦ • ❦

*N*o es lo disponible o
indisponible lo que determina
tu nivel de éxito y felicidad;
lo es el convencimiento que
puedes adquirir por ti mismo
de lo que es verídico.

Si las cosas no funcionan,
pregúntate: «¿Cómo estoy
creando esto?
¿Cómo puedo cambiar
el modo de crearlo?
¿Cuál es la lección?»

⤫ • ⤫

Ayudar a alguien a alcanzar un
designio es parte de la misión
de lo que significa ser padre.

⤫ • ⤫

En la vida todo es paradoja.
Cuanto más desees la aprobación,
más contundente será la negativa
de los demás a aprobarte;
cuanto menos te importe
el que te aprueban o no,
más aprobación conseguirás.

*H*ay una gran diferencia entre
el hecho de que no guste el
comportamiento de alguien y
el que no guste ese alguien.

❦ • ❦

*E*sfuérzate en aprender del
pasado, más que en repetirlo y en
en hacer referencias a él
continuamente.

❦ • ❦

*N*o puedes complacer a todo
el mundo. La verdad es que si
complaces al cincuenta por ciento
de las personas, lo estás
haciendo de maravilla.

*C*ada experiencia en tu vida
fue absolutamente imprescindible
para que llegases al punto
siguiente, y luego al siguiente
y después al siguiente,
hasta el momento actual.

❧ • ❧

*C*uando el universo se presenta
con un problema, ¿dice él:
«No sé cómo afrontar esto»?
No. El universo es perfecto.

❧ • ❧

*L*as únicas fronteras están
en la forma. No hay obstáculos
para la imaginación.

El amor es indulgente...
y el amor es entrega.

❦ • ❦

Recuerda lo que nos dijo
Victor Hugo: «Nada hay más
poderoso que una idea
cuya oportunidad
ha llegado».

❦ • ❦

Toda la «materia» de tu vida
ha venido para servirte,
más que para hacerte
servidor de la materia.

Prejuicio significa «prejuicio».
Cuando prejuzgas estás adoptando
una decisión acerca de algo antes
de tener datos suficientes sobre
los que basar una decisión.

❧ • ❧

Si eres una persona que vives de
cierto modo pero dices que en
el futuro vas a vivir de otro,
dejas de hacer proclamas vacías.

❧ • ❧

No hay camino hacia la
prosperidad; la prosperidad
es el camino.

Si te zarandean de un lado para
otro es porque están enviando
señales que dicen zarandeadme de
un lado para otro.

❧ • ❧

Cuando realmente sepas
que tu vida tiene una misión
importante y heroica,
te realinearás como
ser espiritual.

❧ • ❧

Un propósito no es algo que vas
a encontrar. Es algo que te
encontrará. Y te encontrará sólo
cuando tú estés preparado
y no antes.

*H*as dejado a tu espalda
las viejas costumbres al empezar
con la idea: «Me he desprendido
de la necesidad de esto en la vida».

❧ • ❧

*L*os que se comportan de modo
que a ti te disgusta están lanzando
al aire su disonancia respecto a ti
porque eso es algo que se tienen
que quitar de encima. Odiarlos es
algo así como odiar al musgo
porque crece en el árbol.

❧ • ❧

*L*as únicas limitaciones que
tienes en cuanto a las relaciones
mágicas son las que te has
impuesto a ti mismo.

En toda relación en la que
dos personas se convierten en una,
el resultado final es dos
medias personas.

❧ • ❧

Puedes rehacer tu pensamiento
de manera que no tengas
que pensar en negativo nunca más.
Lo único que has de hacer
es elegir tus pensamientos.

❧ • ❧

El riesgo es sólo nuestra
valoración del mismo.

*T*ienes que arriesgarte a
experimentar algunos sentimientos
de inseguridad si alguna
vez vas a aprender a caminar por
la cuerda floja, practicar el esquí
acuático, dedicarte a escribir,
emprender un nuevo negocio,
probar una nueva receta
o hacer algo que
requiera aprendizaje.

❧ • ❧

*H*ay personas que creen llevar
una existencia de penuria
porque no tienen suerte,
en lugar de reconocer que su
sistema de creencias está
enraizado en la filosofía
de la escasez.

Solían decir a los científicos: «¿Creéis en Dios?» Y el científico solía responder: «No, soy un científico». Hoy, en los noventa, si preguntas a un científico: «¿Crees en Dios?», el científico responderá: «¡Naturalmente, soy científico!»

❦ • ❦

Sólo las personas inseguras necesitan seguridad. La gente segura sabe que no existe tal cosa. La seguridad viene del interior de uno, cuando uno sabe que puede manejar todo lo que se presente.

❦ • ❦

Sé paciente, comprensivo y afectuoso con todo pensamiento aterrador.

*C*uando estás en paz contigo
mismo y te amas a ti mismo,
es prácticamente imposible
que te hagas algo destructivo.

❧ • ❧

*N*o puedes ser siempre el
número uno, ni ganar siempre la
competición, ni obtener siempre
la medalla al mérito, ni figurar
siempre en la lista de honor,
pero sí puedes considerarte
siempre una persona
digna e importante.

❧ • ❧

*L*a autoestima procede de uno
mismo, no de las adquisiciones
y la aceptación.

*N*uestra fe en nosotros mismos
es el factor más contundente y
eficaz para determinar nuestro
éxito y felicidad en la vida.

❦ • ❦

*C*ada condición individual
de tu vida puede mejorarse si
aprendes a ser más eficaz a la hora
de visualizar lo que deseas y tener
el propósito de manifestarlo.

❦ • ❦

*L*os individuos que se aplican
etiquetas a sí mismos están
diciendo: «Soy en esta área un
producto acabado y nunca voy a ser
diferente». Si eres un producto
acabado, envasado y expedido,
has dejado de crecer.

*A*dopta la decisión personal de enamorarte de la persona más hermosa, incitante y digna... ¡*tú!*

❧ • ❧

*C*on todo lo que te ha ocurrido, puedes sentir lástima de ti mismo, o considerar todas esas experiencias como un regalo. Todo es o una oportunidad para desarrollarte o un obstáculo para impedirte crecer. A ti te compete elegir.

❧ • ❧

*E*n toda ocasión en que los demás estén alterados, recuerda siempre que esa alteración es cosa suya y que tú puedes negarte a compartirla con ellos.

*D*ebes convertirte en el
producto, director y actor de la
historia desplegada de tu vida.

❧ • ❧

*N*adie puede deprimirte.
Nadie puede inquietarte. Nadie
puede herir tus sentimientos.
Nadie puede hacerte nada,
aparte lo que tú mismo permitas
que afecte e invada tu interior.

❧ • ❧

*N*o equipares tu valor con la
capacidad para hacer bien las cosas
en la vida. No eres lo que haces.
Si eres lo que haces, entonces,
no haces, no eres.

L as personas pusilánimes,
que le dan vueltas y vueltas
a todo en el cerebro, hasta que
se contemplan a sí mismas
como seres sin miedo
siempre actuarán sobre las
imágenes que crean.

❧ • ❧

N o tienes que ser una persona
que está a merced de alguien
que elige fastidiarte.

❧ • ❧

L o que te hace humano no es la
forma, sino la inteligencia invisible
que la baña: mente, espíritu, Dios,
como quieras llamarlo.

I magina la palabra ANULAR como
un enorme sello de caucho en tu
cerebro. Estampa el sello ANULAR
en toda imagen contraproducente
que tengas en la cabeza.
Si albergas pensamientos tipo
«pobre de mí», ANULARÁS
esa idea en el momento en que
empieces a concebir alguna
clase de medio autorrealzador.

❦ • ❦

S ufrir viene de desear.

*P*erseguir el éxito es como pretender estrujar, un puñado de agua. Cuanto más aprietas, menos agua consigues. Con el éxito, cuando lo persigues, tu vida se convierte en la propia caza y nunca llegas a un lugar llamado *prosperidad*. Te conviertes en víctima de la avaricia.

❧ • ❧

*R*endirse a una nueva consciencia, a un pensamiento que susurre: «Puedo hacer tal cosa en este momento. Recibiré toda la ayuda que necesite mientras siga manteniendo esta intención y busque la ayuda dentro de mí».

A lo largo de todo el día nos
convertimos en lo que pensamos.
La pregunta es: «¿En qué piensas?»

≈ • ≈

*N*uestros días son la moneda
preciosa de nuestra vida

≈ • ≈

*A*vanza confiadamente en
dirección a tus propios sueños
para vivir la vida que has
imaginado. Es entonces cuando
alcanzas el éxito.

*L*a meditación te proporciona
la oportunidad de llegar a conocer
tu personalidad invisible.
Hará añicos la ilusión
de tu aislamiento.

❧ • ❧

*C*ada uno de nosotros tiene
dentro de sí un pozo sin fondo
que contiene más potencial
para la creatividad de lo que
podemos imaginar.

❧ • ❧

*H*ay un ritmo para el universo.
Cuando somos capaces de
aquietarlo lo suficiente, nos
percatamos de hasta qué punto
somos una parte de ese
ritmo perfecto.

*S*i te das cuenta de que alguien te
trata de un modo que despierta tu
resentimiento o que te convierte en
víctima, formúlate esta pregunta:
«¿Qué he hecho yo para indicar
a esta persona que su conducta
es algo que estoy dispuesto
a tolerar?».

≈ • ≈

*C*uando alcanzas suficiente paz
interior y te sientes realmente
positivo, es prácticamente
imposible que otra persona
te controle y te manipule.

≈ • ≈

*E*l uso de la imaginería mental
es una de las estrategias más
potentes y efectivas para conseguir
que te suceda algo favorable.

No debes intentar querer algo.
Basta con quererlo.

❧ • ❧

¿Cómo consigues la paz en
el mundo? Consigues la paz en el
mundo a través de la paz interior.
Si tienes un mundo poblado de
personas que tienen paz interior,
entonces tienes un mundo pacífico.

❧ • ❧

Todo lo que alguna vez me
preocupó, al final salió exactamente
como iba a salir, a pesar de mis
momentos de preocupación para
que resultara lo contrario.

*T*odo cuanto necesitas para
disponer de una vida de total
felicidad, satisfacción y amor ya lo
tienes ahora, quienquiera que seas
y dondequiera que estés.

❧ • ❧

*T*u cuerpo es perfecto. Conoce el
modo de hacer todas las cosas que
los cuerpos son capaces de hacer.
Sabe caminar, sudar, dormir, tener
hambre, llorar... Es también un
alumno perfecto. Puedes enseñarle
a nadar, a conducir automóviles,
a escribir cartas, a tocar
la guitarra, a tallar diamantes
o a escalar montañas.

*L*os niños a los que tanto
admiras por su aptitud para
disfrutar de la vida no son criaturas
extrañas a ti. Llevas uno de
esos niños en tu interior.

⁕ • ⁕

*H*acer lo que te encanta es
la piedra angular para tener
abundancia en tu vida.

⁕ • ⁕

*T*odo lo que está sucediendo
se suponía que iba a suceder.

*U*no de los ejercicios realmente
estupendos que pueden realizarse
para romper vínculos consiste
en ir a tu garaje y a tus armarios,
coger todas las cosas que los
chicos ya no van a usar más y
desprenderte de ellas. Haz que tus
chicos participen en la operación.

❧ • ❧

*P*uedes convertir tu vida en una
magnífica obra de arte en continua
evolución. La clave está en tus
pensamientos, en la maravillosa
e invisible parte de ti que
es tu alma espiritual.

*A*nalizar es verdaderamente
un violento acto intelectual.
Cuando analizas algo tienes que
quebrantarlo y encontrar luego
cada una de las pequeñas
partes que lo componía.

❧ • ❧

*B*uda dijo: «No te castigarán
para provocar tu cólera.
Te castigarán *por* tu cólera.»

❧ • ❧

*D*omina tus emociones para
que no tengas que estallar de
indignación cada vez que algún
otro decida comportarse
coléricamente.

*L*a necesidad de aprobación equivale a decir: «La opinión que tienes de mí es más importante que la opinión que tengo yo de mí mismo».

❦ • ❦

*L*a verdad es que discutir viene a ser como manifestar: «Si realmente fueses más como yo, entonces podrías caerme mejor».

❦ • ❦

*L*a gente adorable vive en un mundo afectuoso. La gente hostil vive en un mundo hostil. El mismo mundo. ¿Cómo es eso?

No puedes ser auténtico a menos que te ciñas a tu beatitud.

❧ • ❧

El camino hacia el gran cuadro es distinto para cada uno, pero lo esencial estriba en comprender que el gran cuadro se encuentra ahí, y que ahí está disponible.

❧ • ❧

Hay personas que viven setenta años y hay personas que viven un año setenta veces, repitiendo lo que hacen una y otra vez en nombre del reloj de oro o de lo que sea.

*P*uesto que tu cerebro es tu propio territorio particular, puedes conceder por unos días una audición privada a alguna nueva idea.

❦ • ❦

*S*i buscas amor, el amor siempre te eludirá. Si buscas felicidad, siempre te esquivará.
Cuando te conviertas en tales cosas, eso será todo lo que tendrás que ceder.

❦ • ❦

*C*ree y verás.
¡Conoce y serás!

*D*eja de echar la culpa a tu
cónyuge de tu infelicidad,
a tus padres de tu falta de
motivación, a la economía
de tu condición social,
al panadero de tu exceso de peso,
a tu infancia de tus fobias...
Deja de responsabilizar a todo
lo que te parezca bien asignar
culpabilidades. Tú eres la suma
total de las opciones que has
adoptado en la vida.

❧ • ❧

*E*l modo para cambiar de
conducta consiste en dirigir
la vista a la fuente
de fortaleza que eres.

·

*P*ara medir lo que eres,
el comportamiento es un barómetro
mucho mejor que
las palabras.

❧ • ❧

*U*n niño es una maravilla
digna de considerar.

❧ • ❧

*L*os sentimientos no son
emociones que te afectan.
Los sentimientos son reacciones
que eliges tener, y se reflejan en
tu cuerpo como reacciones
físicas a tus pensamientos.

*S*i no tienes confianza en ti
mismo, despréndete de tu parte
posterior y construye otra que
te permita sentirte mejor
respecto a ti mismo.

❧ • ❧

*S*i te esfuerzas en mantener
la compostura y recuerdas que
la conducta de otra persona
pertenece a esa persona y no puede
alterarte a menos que permitas
que lo haga, entonces nunca
te convertirás en blanco
a regañadientes.

❧ • ❧

*L*o contrario al valor
no es tanto el miedo
como el conformismo.

No siempre puedo controlar
lo que ocurre fuera, pero sí
puedo controlar siempre
lo que ocurre dentro.

❧ • ❧

Los pensamientos son medios
que facilitan el que pueda suceder
prácticamente cualquier cosa.

❧ • ❧

Mantén las narices fuera del
huerto ajeno. Mantén tu propio
orden, deja de fijarte en el
de los demás. Cultiva en tu huerto
lo que quieras cultivar.

*T*u forma simplemente
desaparecerá, pero el pensamiento
no puedes matarlo, lo que significa
que no puedes matar
lo que realmente eres.

⋙ • ⋘

*C*uanto más te desprendas
de las personas y de las cosas,
menos obstáculos tendrás
en el viaje de tu vida.

⋙ • ⋘

*E*l arma más efectiva que tienes
para desterrar la conducta
neurótica de tu vida es
tu propia determinación.

Si crees que este libro te liberará, entonces ya eres víctima de tus propias ilusiones antes incluso de empezar a leerlo. Tú y sólo tú debes decidir si aceptas o no estas sugerencias y si vas a convertirlas o no en comportamientos constructivos y autosatisfactorios.

❦ • ❦

Las escuelas deben convertirse en lugares repletos de inquietudes y preocupaciones, centros poblados por profesores que sepan que enseñar a las personas es amarlas, tener ideas positivas acerca de su curiosidad natural y saber que al control de sus propias vidas debe proporcionárseles al menos tanta atención como a la geometría y la gramática.

*T*us emociones no deben ser
paralizadoras. No deberían
defenderse. No deberían impedirte
ser todo lo que puedes ser.

❧ • ❧

*E*stos son los viejos
y buenos días.

❧ • ❧

*L*as personas cultas y educadas
se apartan de los conflictos
y enfrentamientos.

❧ • ❧

*S*i crees que los malos
sentimientos o la preocupación
prolongada cambiarán un
acontecimiento pasado o futuro,
entonces es que resides
en otro planeta con un sistema
distinto de la realidad.

*L*a armonía entra en
tu interior a través de
tu propio pensamiento.

❧ • ❧

*L*o que constituya tu misma
vida, sea lo que fuere, no pesa
nada. Cuando la vida deja el
paquete y dentro apareces tú,
el peso del paquete sigue
siendo el mismo. De modo
que tu vida es algo
distinto al paquete.

❧ • ❧

*C*uando te dicen que tienes
alguna clase de achaque o
enfermedad, puedes prepararte a
sufrir o disponerte a la curación.

*S*i resbalas, eso no significa
que valgas menos.
Simplemente quiere decir
que tienes que aprender
algo del resbalón.

❧ • ❧

*E*l miedo al fracaso
se convierte en miedo al éxito
para aquellos que nunca
intentan hacer algo nuevo.

❧ • ❧

*N*o perdonar es ser
incapaz de comprender cómo
funciona el universo
y cómo encajas en él.

L as personas más libres
del mundo son aquellas
que gozan de paz interior.

❧ • ❧

D a amor y aceptación
incondicional a quien
encuentres, y observa
lo que sucede.

❧ • ❧

U na inteligencia invisible se
difunde por todas las formas
del universo y permite que
las flores crezcan, los planetas
se alineen y todas
las cosas existan.

Cuanto más te entiendas a ti
mismo como ser humano,
mejor comprenderás que puedes
fluir con la vida o luchar.
Y cada vez que combates algo,
te debilitas.

❧ • ❧

La gente ilustrada tiene amor
perfecto en sí, lo mismo
que todo el mundo;
la única diferencia es
que ella no tienen
nada más dentro de sí.

*L*a culpabilidad es una opción
irresponsable. En tanto
te sientas culpable respecto
a cualquier cosa que
hayas hecho, no tienes otra
cosa que hacer que corregirlo.

❧ • ❧

*E*l pensamiento saludable
es un hábito, en la misma
medida que el pensamiento
neurótico es un hábito.

❧ • ❧

*L*a felicidad y el éxito
son procesos internos que
aportamos a las tareas
de la vida, más que algo
que obtenemos «por ahí».

*E*l cuerpo es un gran sanador.
La magnífica, perfecta creación
está capacitada para curarse
a sí misma en la
mayoría de casos.

❦ • ❦

*S*i esperas alterarte,
rara vez no lo conseguirás.

❦ • ❦

*L*a gente que funciona
a la altura superior dice:
«Donde estoy es formidable,
pero puedo crecer».

*T*rata de ver un maestro
en todo aquel que entre
en tu vida.

❧ • ❧

*C*ualquier cosa que te moleste es
sólo un problema interno. Sólo tú
puedes experimentarlo y
sólo tú puedes corregirlo.

❧ • ❧

*E*n el Zen se dice:
«Ante la ilustración, parte leña,
lleva agua. Después de la clase,
parte leña, lleva agua».
Tienes que darle al hacha y
transportar cubos. Eso es
parte de la condición humana.

*E*n vez de juzgar a los demás
como personas que deberían
comportarse de cierto modo,
míralos como reflejo de una parte
de ti y pregúntate qué estás
dispuesto a aprender de ellos.

❧ • ❧

*C*alidad más que apariencia...
ética antes que normas...
conocimiento antes que logro...
integridad más que dominio...
serenidad más que adquisiciones.

❧ • ❧

*E*s inteligente tener un plan,
pero neurótico prendarse de él.

*Q*uizás la característica más
extraordinaria y única de las
personas saludables sea su sentido
del humor carente de hostilidad.

❦ • ❦

*S*i deseas encontrar un
significado más profundo en
tu vida, no podrás encontrarlo en
las opiniones o las creencias
que te han ofrecido. Tienes que
ir a un lugar dentro
de ti mismo.

❦ • ❦

*E*nciende dentro de
ti una vela cuya llama no
vacile ni siquiera cuando
se te presente lo peor.

*E*l propósito es la energía
de tu alma que entra en contacto
con tu realidad física.

❧ • ❧

*T*u prójimo va a actuar
exactamente tal como es,
independientemente de
la opinión que tengas de él.

❧ • ❧

*L*as relaciones amistosas
funcionan porque no cuestan
ningún trabajo.

*C*uando ya no necesites aprender cómo entendértelas con la inarmonía en tu vida, dejarás de crearla, y entonces crearás amor y armonía prácticamente por dondequiera que vayas.

❧ • ❧

*E*n vez de decir: «¿Pero por qué me pasa esto a mí? ¿No es terrible? Pobre de mí», empieza a decir: «¿Qué he de aprender de esto?».

❧ • ❧

*L*os únicos límites que tienes son los límites de tu fe.

No eres tu forma física.
Eres algo mucho más magnífico,
divino y grande.

❧ • ❧

En cualquier momento en
que recibas odio, devuelve amor.
El amor retornará a ti
y serás libre.

❧ • ❧

Eso que nosotros respiramos,
eso que mostramos sobre este
planeta, eso que comunicamos,
es un milagro.

*T*ejer una red nunca puede fallar. Es algo poderoso porque no dejas de crear más fuentes de poder. Es como una progresión geométrica.

≈ • ≈

*L*a diferencia entre ser un neurótico y una persona sin límites, no estriba en si uno tiene problemas o no. Todo el mundo tiene problemas. Es una actitud. ¿Buscas soluciones o buscas más problemas?

≈ • ≈

*S*i eres capaz de concebirlo en tu cerebro, entonces puedes trasladarlo al mundo físico.

*E*l objetivo de la vida
es conocer a Dios.

*S*i trabajas en ganarte
la vida sólo un momento,
en vez de un decenio en una
temporada, entonces puedes hacer
frente a tus problemas.

*L*os mendigos de las calles
de Nueva Delhi, los barqueros de
Malasia, la realeza del palacio
de Buckingham, los operarios
de las fábricas de Detroit y tú
(quienquiera que seas) todos
sois células iguales del cuerpo
llamado humanidad.

*T*odo problema que se te
presenta lo experimenta
tu cerebro. La solución
al problema está en
el mismo sitio.

∽ • ∾

*S*omos simultáneamente
profesores y alumnos en todo
encuentro de nuestra vida.

∽ • ∾

*S*i los niños se educan en la paz,
no sabrán cómo actuar
en la guerra.

Lo que se ha acabado, acabado está. Hiciste lo que sabías hacer. No fue justo o injusto, ni bueno ni malo. Sólo fue. Pero todo lo que tienes es hoy. No hay devolución posible.

❧ • ❧

El hambre es parte de lo que ocurre en el universo, pero así es también mi deseo de cambiarlo.

❧ • ❧

Nadie puede colocarse detrás de tu globo ocular y experimentar la vida tal como la vives como tú.

*L*a única diferencia entre SOLO
y ABSOLUTAMENTE SOLO
es una A...
La «a» de *amor*.

❧ • ❧

*E*n cuestión de gusto,
sólo tú eres, y debes ser,
el único juez que
te complazca.

❧ • ❧

*T*odo lo que «tienes que
tener» te pertenece.

*C*uando te despiertes ve más allá
de la necesidad de acumular, hacer
y conseguir. Cuando vayas
más allá, empieza a desarrollar una
incrementada susceptibilidad
hacia el amor que extendieron los
demás, así como la incontrolable
y apremiante urgencia de
extenderlo tú todavía más.
El amor se convierte en
lo que eres.

❧ • ❧

*N*o se necesita ni una
gota de sudor para dejar
de hacer algo.

Cuando Dios hable a través de
tus manos y sonría sobre
la tierra a través de ti porque tú
eres un donante incondicional, un
ser resuelto, que no pide nada a
nadie, la prosperidad será tu
recompensa.

❧ • ❧

Los momentos intermedios
entre un suceso y otro son
tan dignos de vivirse como
los propios sucesos.

❧ • ❧

Cuanto más espacio
permitas y animes dentro
de una relación,
más prosperará esa relación.

C uando se te plantee
la elección entre ser justo
y ser bondadoso, has de
elegir la bondad.

≈ • ≈

L a Guerra de la Droga
no va a funcionar... porque
es una guerra.

≈ • ≈

S i crees que no controlas tus
pensamientos, haz una lista de
quienes lo hagan. Envíamelos.
Los trataré a todos
y tú mejorarás.

L a gama completa de la
experiencia humana está a tu
disposición para que disfrutes, una
vez decidas aventurarte por ese
territorio en el que no se te
ofrecen garantías.

❧ • ❧

L a seguridad es desagradable.
La seguridad es contraproducente.
La seguridad es fastidiosa. La
seguridad es aburrida.
¿Para qué quieres seguridad?

❧ • ❧

E star al día significa ser capaz
de dar la bienvenida
a lo desconocido.

*C*uidar de ti mismo
es la consecuencia natural
de la autoestima. Mantén un
tranquilo lío amoroso
contigo mismo.

❧ • ❧

*S*i te relacionas con alguien
que te trata de modo rudo y odioso
tienes que decir: «¿Qué opino
de mí mismo? ¿Por qué he de
permitir que esa conducta
persista?» y «¿Voy a permitir
que eso continúe?»

Una vez empiezas a afrontar
los problemas trabajándolos por
zonas y fijándote pequeñas metas
diarias orientadas al éxito,
éstos desaparecen.

Si no te aprecias a ti mismo,
nadie lo hará.
No sólo eso, tampoco valdrás
para apreciar a nadie más.
El cariño bien entendido
empieza por uno mismo.

No necesitas admitir
a nadie en tu vida a menos
que llegue cargado
de afecto y armonía.

❧ • ❧

Una de las cimas
más altas a las que puedes
acceder es a mantenerte
independiente de las buenas
opiniones de los demás.

❧ • ❧

Las circunstancias no
hacen al hombre, lo revelan.

*S*i aceptas la plena responsabilidad de dirigir la sinfonía de todas tus ideas y sentimientos tendrás que escuchar a la orquesta en pleno. No puedes marchar sólo al toque de tambor de las órdenes externas. Tienes que escuchar también las cuerdas de tu conciencia, la voz del niño dentro de ti y todas las demás voces de origen interno que tienes el privilegio de dirigir.

❧ • ❧

*T*u propia valía no pueden verificarla los demás. Vales porque así lo dices tú. Si dependes de los demás en cuanto a tu valoración, esa valía es «mérito de otro».

*E*n la civilización occidental
estamos acostumbrados a creer
que lo que producimos y lo que
conseguimos por nosotros
mismos es una medida
de quienes somos,
cuando en realidad eso
es un espiritual callejón
sin salida.

⚜ • ⚜

*L*a felicidad, la satisfacción
y el objetivo vital son todos
conceptos interiores. Si no tienes
paz interior y serenidad,
entonces no tienes nada.

Sólo los fantasmas se revuelcan
en el pasado, explicándose a sí
mismos con descripciones basadas
en una existencia ya vivida.
Eres lo que elijas ser hoy,
no lo que elegiste ayer.

❧ • ❧

Una persona triunfadora
no es una persona que gana
montones de dinero. Una persona
triunfadora lleva el éxito a
todo lo que él o ella hace,
y el dinero no es más que una
más de las recompensas.

*T*u aptitud para ser un ganador
el cien por cien del tiempo se basa
en la renuncia a la idea de que
perder en algo equivale a ser
un perdedor.

❧ • ❧

*S*i estás sufriendo en la vida
en este preciso momento,
te garantizo que eso está ligado
a alguna clase de acoplamiento
con el modo en que
deberían ir las cosas.

❧ • ❧

*E*stás condenado a tomar
opciones. Esa es la mayor
paradoja de la vida.

*U*na vez sabes lo que piensas
acerca de la expansión, empiezas a
ser verdaderamente cuidadoso
acerca de lo que piensas.

❧ • ❧

*C*uando estás dispuesto,
cualquier cosa que necesites
que se transforme allí
se encontrará.

❧ • ❧

*C*uanto más trabajes
en ser tú mismo, mayores
probabilidades tendrás
de sentirte resuelto y
significativo en tu vida.

*C*uando seas justo como los
demás habitantes del mundo,
has de preguntarte:
«¿Qué tengo que ofrecer?»

❧ • ❧

*L*os principios universales nunca
aparecerán en tu vida hasta que
sepas que están allí. Cuando creas
en ellos los verás por todas partes.

❧ • ❧

*N*o abusarán de ti
porque haya un montón de
personas dispuestas a hacerlo.
Abusarán de ti porque enviarás
señales diciendo: «Abusad de mí.
Lo aceptaré.»

*L*o que has de aprender a hacer
es a enamorarte de lo que haces
y luego vender ese amor.

❧ • ❧

*P*uedes pasarte el resto de tu
vida, empezando ahora mismo,
preocupándote del futuro, pero por
mucho que te preocupes, ni una
brizna de esa preocupación
cambiará las cosas lo más mínimo.

❧ • ❧

*E*res un conjunto.
Eres completo. Eres total
en cada momento en
que estás vivo.

*L*a abundancia es mirar a la vida
y saber que tenemos cuanto
necesitamos para la felicidad
completa, y a continuación
ser capaz de celebrarlo en todos
y cada uno de los instantes
de la vida.

❦ • ❦

*C*uando *sepas* más que *dudes*
descubrirás la necesaria aptitud
para cumplir tu objetivo.

❦ • ❦

*P*ara entrar en el mundo
de la magia real, debes entrar
en la dimensión
de la espiritualidad.

*T*odo lo que combates te debilita.
Todo a lo que *aspires* te fortalece.

❧ • ❧

*N*o hay cólera en el mundo.
Sólo hay pensamientos coléricos.

❧ • ❧

*L*a próxima vez que te pongas
nervioso por las opiniones de los
demás, míralos mentalmente
a los ojos y di: «Lo que piensas
de mí no es asunto mío.»

❧ • ❧

*¿H*as observado alguna vez que
a algunas personas nunca les basta
con lo que tienen mientras que
otras siempre tienen suficiente?

*L*a actitud ganadora es la que te permite pensar en ti mismo como ganador continuo, mientras aún te concedes espacio para crecer.

❦ • ❦

*E*n cuanto te despiertas dejas de ser egodefinido. No te define el «*lo que he conseguido y cómo lo he conseguido*». Más bien te define el «*puedo gozar de más paz interior*» y ¿*Cómo puedo ayudar a los otros a hacer lo mismo?*

❦ • ❦

*E*studia. Permanece abierto y deseoso de aprender de cualquiera y de todos. Ser estudiante significa que te queda espacio para asimilar nuevos conocimientos.

*L*a gente necesita tener razón
Si puedes expulsar eso de tu vida,
te ahorrarás cantidades
industriales de sufrimiento.

❧ • ❧

¿*L*o que piensas es la
diferencia entre un chico que sabe
nadar y otro que no sabe? ¿Crees
que en el momento en que un niño
o una niña sabe nadar tiene nuevas
capacidades físicas? No, eso es sólo
una nueva creencia y el niño está
actuando sobre esa creencia.

❧ • ❧

*C*ualquiera puede cambiar por
completo o convertirse en lo que
él o ella desea transformarse en
cuestión de unos instantes.

*I*ncluso en una cárcel
tu rincón de libertad
consiste en el modo
en que eliges pensar.
¡Nadie puede arrebatarte
eso nunca!

❧ • ❧

*N*o tienes que seguir
comportándote como te comportas,
sólo porque siempre te has
comportado así.

❧ • ❧

*N*o puedes matar el
pensamiento. Es eterno.

*S*i piensas en ti mismo como
una persona importante, no te
permitirás pesar más de la
cuenta ni sufrir trastorno
estomacal alguno.

❧ • ❧

*H*azlo. Hazlo. No digas:
«No puedo hacerlo».
¡HAZLO!

❧ • ❧

*D*e una forma u otra
se nos ha imbuido esa idea
de que la vida es como la
prueba de un vestido. No lo es.
¡La vida es la vida!

No puedes tener paz interior
mientras el control de tu vida
se localice fuera de ti.

❧ • ❧

Babe Ruth bateó más
que nadie en la historia del
béisbol el año en que consiguió
sesenta carreras completas.
¿Quieres conseguir carreras
completas? Entonces será mejor
que estés dispuesto a batear
una barbaridad.

❧ • ❧

Si crees que una cosa
va a dar resultado, verás
oportunidades. Si no lo crees,
verás obstáculos.

*E*nvía afecto a todos tus
enemigos. Es fácil querer
a algunas personas. La verdadera
prueba es querer a alguien
a quien resulta difícil apreciar.

❧ • ❧

*P*erdonar es lo lo más formidable
que puedes hacer para mantenerte
en el camino espiritual.
Si no puedes hacerlo, olvídate
de ascender a niveles más altos
de conciencia y crear
magia real en tu vida.

❧ • ❧

*N*o existe lo que se llama
esclavo bien adaptado.

*C*ada vez que te asalte
la tentación de dar menos,
esfuérzate, por el contrario,
en añadir un poco más a lo
que suelas dar.

❧ • ❧

*C*ulpabilidad significa que
estropeas tus momentos presentes
dejándote inmovilizar
como consecuencia del
comportamiento pasado.

❧ • ❧

*L*os hábitos saludables se
aprenden del mismo modo
que los malsanos...
mediante la práctica.

*U*na mujer me preguntó una
vez. «¿Cuáles son los obstáculos
que se interponen en mi camino
hacia la felicidad?» Le respondí:
«Creer que tiene obstáculos».

❧ • ❧

*E*scucha a tu cuerpo
y te dirá lo que necesitas saber.

❧ • ❧

*S*i eliminas de tu vida
dos frases: «¡Estoy cansado!» y
«No me encuentro bien»,
habrás suprimido alrededor
del cincuenta por ciento de tu
cansancio y de tu indisposición.

Una vez la gente se dé cuenta
de que te intimida su indignación,
no dudarán en utilizarla
para aprovecharse de ti,
convirtiéndote en su víctima,
siempre que les funcione.

❧ • ❧

Te conviertes en lo que
piensas a lo largo del día,
y esos días se convierten
con el tiempo en
tu vida entera.

❧ • ❧

Te tratan en la vida
del modo en que enseñaste
a la gente a tratarte.

Si construyes una casa cuyos
cimientos sólo cuentan con un
sistema de soporte único y ese
soporte particular se viene abajo,
tu casa en pleno se derrumbará.

❧ • ❧

Ama los aparentemente
contrarios en tu mundo,
atesora su forma de ser como
un regalo que se te brinda.

❧ • ❧

Cede el deseo, entérate de
que no necesitas ni una sola
cosa más para hacerte completo y
luego contempla todas esas cosas
externas que van resultando
cada vez menos significativas
en tu corazón.

Cambia tu enfoque de
¿Qué hay para mí? por el de
¿Cómo puedo servir?

❧ • ❧

La clave para ser eficaz y
despierto en nuestra vida
consiste en ser alumnos
antes que maestros.

❧ • ❧

Si eres pesimista respecto
a todo o albergas en tu interior
algún odio o antipatía,
ese es el punto al que hay
que ir a trabajar.
Esa es la prueba de que
no vives con un templo
en tu corazón.

*P*ara vivir tu vida según el modo
que has elegido vivirla,
tienes que ser un poco rebelde.
Tienes que estar dispuesto
a plantarte dispuesto a
la lucha en pro de ti mismo.

❧ • ❧

*E*star relajado, en paz con uno
mismo, confiado, emocionalmente
neutral, desembarazado y
sobranadando libremente...
esas son las claves para actuar
con éxito en casi todo.

❧ • ❧

*E*l desarrollo interior
es tan importante como
el desarrollo físico exterior.

*U*n reloj de oro al final de una
trayectoria profesional de
cincuenta años en una empresa
no constituye ninguna
compensación si no estás
satisfecho contigo mismo y con
el trabajo que realizaste
durante todos esos años.

❧ • ❧

*L*a única diferencia entre alguien
hermoso y otra persona poco
atractiva es una simple opinión.
No hay nadie en el mundo que
carezca de atractivo. Nadie en
este planeta. Poco atractiva
es sólo la persona que
opta por creerlo.

*E*xamina las etiquetas
que te aplicas a ti mismo.
Cada etiqueta es una frontera
o un límite de una clase o de otra.

❧ • ❧

*L*a objetividad es una
de las grandes lecciones
de la vida para aquellos
que están en el camino
de la ilustración.

❧ • ❧

*T*u alegría es divina,
lo mismo que tu sufrimiento.
Hay mucho que
aprender de ambos.

*T*u vida en plena forma
tiene que honrarse y celebrarse.
Ve más allá de tu esclavitud
y vive plenamente en el ahora,
el único tiempo de que dispones.

❧ • ❧

*S*i no te tomas tiempo
para el ejercicio y la salud ahora,
entonces tendrás que
tomártelo más adelante.

❧ • ❧

*S*i el noventa por ciento
de los doctores en medicina
no creen en la conexión
mente-cuerpo, ¿cómo mueven
los dedos de los pies?

*L*os neuróticos buscan
problemas. Quieren que
las cosas empeoren.
Quieren tener razón.

❦ • ❦

*T*ú eres siempre un ser humano
valioso y digno, no porque alguien
lo diga, no porque tengas éxito, no
porque ganes montones de dinero,
sino porque decides saberlo.

❦ • ❦

*E*l AHORA es un lugar mágico en
el que eres extraordinariamente
capaz de estar tan comprometido
que no te queda espacio para
ninguna clase de pensamientos
desdichados o enervantes.

*L*a vía hacia la identidad parece
atravesar la senda de la armonía
interior. La vía hacia
la armonía interior circula
a través del pensamiento.

❧ • ❧

*S*i crees que la solución está fuera
de ti mismo, pero el problema está
en tu interior, entonces vives una
quimera. La verdad es que todo
problema, así como toda solución,
están en tu cerebro.

❧ • ❧

*C*omo nos recuerda Carl Jung,
en el mismo momento en que eres
protagonista de tu propia vida,
eres un comparsa o un figurante
en un drama de mayor aliento.

*L*os niños necesitan saber que
las palabras «Es imposible»
no forman parte de tu
vocabulario y que tú eres
un incondicional de
sus sueños.

❧ • ❧

*O*irás a los psiquiatras hablar
de vivir en el pasado. Pero es que
nadie puede vivir en el pasado.
Sólo puedes vivir en
el presente, empleando
el presente como reminiscencia
del pasado o sintiéndote
mal respecto al pasado.

❧ • ❧

*T*odo lo que nos sucede tiene
una bendición concebida
en su interior.

*M*ás o menos. Para mí, tener más significa tener que asegurarlo, protegerlo, pulirlo, preocuparse de ello, intentar duplicarlo, presumir de ello, tasarlo, acaso venderlo con beneficio... y así sucesivamente.

❧ • ❧

*S*i siempre tienes prisa, si siempre tratas de adelantar a otro compañero, o superar la obra de alguien más es lo que te motiva, entonces esa persona te controla.

❧ • ❧

*S*upera viejos hábitos dejándolos a tu espalda.

El único sistema para
dejar de fumar de una vez
consiste en pasarte todo
un día sin ponerte un cigarrillo
entre los labios una sola vez.

❧ • ❧

Cuando acudes a alguien
llevando tu corazón pleno de
afecto, sin pedir nada, sólo
ofreciendo ese cariño,
creas una relación milagrosa.

❧ • ❧

El estado de tu vida
no es más que el reflejo
de tu estado mental.

*M*ientras permanezcas
dispuesto a seguir como estás o
mantenerte sólo en lo familiar
y no correr riesgos ni aventurarte
en nuevos proyectos, entonces
resulta que, por definición,
te es imposible crecer.

❧ • ❧

*L*a próxima vez que consideres
una decisión en la que debatas
si te vas a encargar o
no de ti mismo, al determinar
tus propias opciones formúlate
una pregunta importante:
«¿Cuánto tiempo voy a
estar muerto?»

*M*ás que atormentarte
a causa de las pasadas o futuras
relaciones con tus padres,
intenta mostrarte complaciente
e interesarte por ellos tanto
como te sea posible... ¡hoy!

❧ • ❧

*D*ar amor a los demás
está directamente relacionado
con la cantidad de amor que
te brindas a ti mismo.

❧ • ❧

*S*ea lo que sea lo que pase dentro
de ti, es cosa tuya. Lo posees
totalmente. Es tuyo.

*E*l sexo es una danza de
creación compartida.

❦ • ❦

*T*odas las cosas que marchan en
tu vida física marchan y ya está.
Hay una parte de ti que es
invariable... eterna.

❦ • ❦

*E*l noventa y nueve por ciento
de nosotros no está en forma y,
al parecer, nos sentimos poco
menos que obsesionados con el
uno por ciento que conserva la
forma. Gastamos la mayor parte
de nuestra energía en el uno por
ciento, mirándonos recíprocamente
los envoltorios.

*C*uando se presente la temporada
de vacaciones, pon un letrero
en el espejo del cuarto de baño
que diga categóricamente:
NADIE VA A ESTROPEARME
ESTAS VACACIONES
¡Y TÚ MENOS QUE NADIE!

❧ • ❧

*N*o hay *camino* que conduzca
al éxito; el éxito es una actitud
interior que aportamos a
nuestros empeños.

❧ • ❧

*H*az de la colaboración
y el servicio la norma de todos
tus tratos comerciales.

*T*ienes el poder de meditar
tus decisiones respecto a lo que vas
a permitir que entre en tu cabeza.
Y si algo se cuela de rondón
en ella, aún cuentas con
la facultad de expulsarlo.
Lo que significa que aún
sigues controlando
tu mundo mental.

❧ • ❧

*L*as cosas importantes
no temen al tiempo.

❧ • ❧

*L*a persona que te devuelve
la mirada desde el espejo
es ante la que tienes que
responder todos los días.

*E*ntras en el mundo,
eres tú el que opta estar en él,
y sabes que a algunas personas
les gustará y a otras no.

❧ • ❧

*E*l universo se mueve sobre
muchos principios que
están fuera de nuestro control.
Esos principio funcionan
independientemente de las
opiniones que tengamos acerca
de ellos e incluso aunque no los
entendamos en absoluto.

❧ • ❧

*S*er víctima es
una costumbre.

*L*a preocupación es un medio
para utilizar el presente
consumiéndose uno a causa
de algo futuro sobre lo que
no se tiene el menor dominio.

❧ • ❧

*L*a perfección interna está ahí
para que cada uno de nosotros
vuelva a capturarla.

❧ • ❧

*E*n vez de ponernos furiosos
con el mundo por la forma en que
es, limitémonos a aceptarlo
y a hacer lo que esté en
nuestra mano para mejorarlo.

*V*oy a orientarme más hacia el
presente, a disfrutar de cada
actividad por sí misma en vez de
darle vueltas en la cabeza a lo que
pueda esperarme en el futuro.

❧ • ❧

*E*l estado del mundo no es más
que un reflejo de nuestras mentes.
Y el estado de nuestras vidas
individuales es también un reflejo
de nuestro estado de ánimo.

❧ • ❧

*S*i el prójimo te hiere, olvídate de
la herida. Es tu prueba. Si la dejas
seguir su curso, encontrarás
la serenidad.

*S*i eres amor, si vives el amor,
y lo repartes, habrá siempre
tanto amor en tu vida
que no sabrás que
hacer con él.

❦ • ❦

*L*os neuróticos dicen:
«Si te parecieses más a mí, no
tendría que enfadarme ahora
contigo. Si fueses un poco distinto
de lo que eres, entonces yo podría
llevar una vida más feliz.
Si no hubiesen subido el precio
de la gasolina...
Si el número de parados
no fuese tan alto...
Si... Si...».

*T*ienes la facultad
de poder convertirte en lo que
deseas ser. Plantéate tus
expectativas y entérate de que
llegarás a ser lo que se te ocurra,
sea lo que sea.

❧ • ❧

*E*res único en
todo el mundo.

❧ • ❧

*T*odos estamos en el mismo
camino. Sólo que en diferentes
puntos de ese camino.

Esta edición de 5.000 ejemplares
se terminó de imprimir en
Indugraf S.A.,
Sánchez de Loria 2251, Bs. As.,
en el mes de noviembre de 2006.
www.indugraf.com.ar